AF452171

DE LA SAGESSE

EN POLITIQUE SOCIALE.

DE L'IMPRIMERIE DE FAIN, PLACE DE L'ODÉON.

DE LA SAGESSE

EN POLITIQUE SOCIALE,

OU

DE LA MESURE DE LIBERTÉ

QU'IL EST CONVENABLE, EN CE MOMENT, D'ACCORDER
AUX PRINCIPALES NATIONS DE L'EUROPE;

PAR H. AZAÏS

PARIS,

DELAUNAY, Libraire, Palais-Royal, gal. de bois.
L'ADVOCAT, Libraire, Palais-Royal.
CHAUMEROT, Libraire, Palais-Royal, gal. de bois.

1817.

PRÉFACE.

C'est la France qui, la première en Europe, a imprimé le grand mouvement auquel on donnera un jour le nom de révolution européenne. C'est la France qui, la première, doit en fixer la mesure et l'objet.

Lorsque les Français auront, sur la liberté, sur le gouvernement des peuples, sur la politique socia'e, une opinion déterminée, constante, générale, ils rentreront en repos de vœux et de pensées; et ce repos se propagera, comme leur inquiétude et leur fermentation se sont propagées.

Or, chez un peuple naturellement très-judicieux et très-intelligent, il n'est que la vérité qui puisse fonder une opinion déterminée, constante, générale; toute opinion reposant sur d'autres bases peut germer, et même s'élever, mais non s'étendre et s'affermir.

La vérité, en politique sociale, comme en morale particulière, a nécessairement pour caractères d'être modérée dans son application, permanente dans ses effets, conciliante et pacifique dans ses conséquences; en sorte que tout principe social, dont l'application générale entraînerait avec évidence la modération publique, la paix des esprits, et la conciliation des intérêts, doit être regardé comme une expression de la nature éternelle des choses, comme une expression de vérité.

Je serais heureux de pouvoir concourir à répandre de tels principes. C'est dans ce désir que j'ai écrit l'ouvrage que l'on va lire; j'espère en sa faveur le suffrage des hommes que leur caractère rend étrangers, non-seulement aux partis, mais à cette exaltation d'idées, souvent honorable, par cela même insidieuse, qui, dans les âmes ardentes, gêne l'exercice de la raison.

DE LA SAGESSE

EN POLITIQUE SOCIALE,

OU

DE LA MESURE DE LIBERTÉ

QU'IL EST CONVENABLE, EN CE MOMENT, D'ACCORDER
AUX PRINCIPALES NATIONS DE L'EUROPE.

LA Sagesse, dans l'homme, n'est autre chose que la conformité de ses vœux et de sa conduite aux lois qui lui sont imposées par l'ordre général et par sa situation particulière.

La Sagesse, en politique sociale, la Sagesse d'un peuple consiste de même à ne vouloir et à ne faire que ce qui est secondé par les conditions, soit actuelles, soit permanentes, de son existence, et par les circonstances de tout genre dans lesquelles il se trouve placé.

Parmi les conditions actuelles de l'existence d'un peuple, son âge de civilisation est la plus importante; c'est elle qui détermine l'état de ses idées, de ses besoins et de ses mœurs.

Le climat, malgré les modifications qu'il reçoit des défrichemens et de la culture, peut être considéré comme une condition permanente; et cette condition doit être appréciée : c'est elle qui détermine le tempérament national.

Parmi les circonstances dans lesquelles un peuple se trouve placé, il faut considérer principalement ses relations avec les peuples qui l'environnent, et la situation particulière à laquelle il a été conduit par le temps et les événemens; car le passé, qui n'est plus au pouvoir des hommes, conserve néanmoins une influence impérieuse sur le présent et sur l'avenir.

Ces définitions générales étant posées, je crois devoir m'abstenir d'en déduire, sous forme méthodique, les corollaires; ils se montreront d'une manière plus facile, plus frappante, à l'aide de l'examen rapide que nous allons faire de la situation actuelle des principales nations de l'Europe, et des droits que cette situation donne à chacune de participer aux jouissances de la liberté. Nous mettrons dans cet examen la gradation qui nous semble la plus propre à faire ressortir les vérités que nous voulons établir. Nous commencerons par la Russie; c'est en Europe la puissance la plus nouvelle. La France, fille aînée de l'empire romain, métropole actuelle de la civilisation, la France, sur laquelle s'appuient en ce moment les regards, les vœux, les espérances de tous les peuples, présentera l'application la plus importante de nos pensées, et terminera notre tableau.

LA RUSSIE.

Le génie de Pierre Ier. a imprimé à la Russie un développement qui a été soutenu, favorisé par les trois successeurs de ce grand homme. Aujourd'hui ce développement reçoit, de la prudence éclairée d'Alexandre, une marche salutaire, parce qu'elle est sage et mesurée. Le gouvernement de cet empire est libéral et philosophique, car il ménage toutes les choses existantes, respecte même celles qui tombent, et prépare avec soin et lenteur les institutions qu'il se propose de donner.

Deux questions se présentent. Le peuple russe serait-il déjà susceptible de cette liberté légale, la seule désirable, qui ne peut être établie, dans un grand état, que par une constitution balancée?

Et si une telle constitution ne lui convient pas encore, lui conviendra-t-elle un jour?

Il est, en premier lieu, manifeste qu'une constitution balancée ne conviendrait point encore à un empire dont l'étendue est immense; la civilisation très-inégale, sur plusieurs points très-peu avancée; le territoire coupé par de grands lacs, par de vastes déserts, ce qui en fait une masse hétérogène, sans unité, sans cohérence. Il est nécessaire que le gouvernement et les sujets puissent s'entendre clairement, et se communiquer rapidement, pour que la constitution balancée soit convenable.

Si maintenant on veut préjuger l'état futur de la Russie, voici les conjectures auxquelles on est conduit par la réflexion et par l'histoire.

L'unité de gouvernement, d'institutions, et la tranquillité sociale, ne sauraient être maintenues dans un état très-vaste et très-incohérent que par l'unité de pouvoir. Ainsi, tant que la Russie ne formera point un corps homogène, un pouvoir absolu lui sera nécessaire; et l'action de ce pouvoir absolu aura pour but de conduire l'état à former enfin un corps homogène.

Mais, à ce terme, si le temps l'amène, si la différence des climats et l'influence des grandes circonstances locales n'y opposent point un obstacle invincible, le peuple russe se trouvera à la fois trop fort pour supporter le pouvoir absolu, et trop nombreux, trop porté à l'expansion divergente, pour que toutes ses relations politiques puissent aboutir à un même centre. Ainsi il se partagera, soit de gré, soit de force, en fractions plus ou moins étendues ; et quelques-unes de celles-ci, selon les conditions de leur existence politique, seront susceptibles d'une constitution balancée, tandis que d'autres continueront d'avoir besoin d'un pouvoir absolu.

Une succession de temps considérable paraît encore nécessaire à la Russie pour qu'elle puisse, sous la protection de son gouvernement, arriver à cet état d'homogénéité et de plénitude qui entraînera la division du territoire en plusieurs états contigus. Ainsi, le pouvoir absolu sera long-temps encore chargé, en Russie, de féconder le développement social, en protégeant tous les genres de progrès et de facultés que la civilisation amène. Long-temps encore, le gouvernement de Russie sera appelé à suivre la marche que lui trace, en ce moment, le gouvernement d'Alexandre. Cet homme généreux encourage l'affranchissement graduel des classes inférieures, ainsi que la propagation de l'industrie et de la science européennes ; en même temps, il imprime, par son exemple, aux familles opulentes, une noble habitude de magnificence et de politesse ; en même-temps encore, il soigne et fortifie la puissance militaire, puissance indispensable au monarque prudent, qui veut faire, sans résistance, le bien de ses états.

LA SUÈDE.

La Suède semble destinée à montrer, en ce moment, quelles conditions sont les plus favorables à l'établissement et au maintien d'une constitution balancée, car elle en jouit avec plénitude, sans trouble et sans danger, du moins apparent et prochain.

La Suède est un pays âpre et peu fertile, mais sain, et naturellement défendu par sa position et ses barrières. Son étendue, peu considérable, fait que tous les Suédois peuvent aisément s'entendre et se concilier. La nation a un fonds de lumières; elle a produit, en plus d'un genre, des hommes très-remarquables; elle est dans la période de maturité; et, grâce à cette médiocrité de puissance expansive, qui résulte en elle du climat et des circonstances locales, sa période de maturité semble devoir être longue et soutenue. Si quelque chose pouvait lui imprimer une activité indiscrète, ce serait d'être dirigée aujourd'hui, dans sa marche, par un homme d'un caractère français; et l'on sait ce qu'il y a de brillant et de fécond dans un tel caractère. Mais briller, c'est aller plus vite; c'est s'avancer plus rapidement vers le terme de l'existence. Le génie français se soumettra, en Suède, à la trempe nationale; il ne précipitera point le cours du temps; mais il sera énergique avec calme et prudence.

LE DANEMARCK.

Si la Suède est paisible et prospère sous un régime constitutionnel , le Danemarck démontre que le pouvoir absolu, lorsqu'il est libéralement exercé , procure au peuple qu'il conduit , la jouissance de tous les biens nécessaires. Ces biens se réduisent principalement à deux : sûreté individuelle , et sécurité dans la propriété. Sous ce double rapport, les Danois n'ont rien à envier à aucun peuple de la terre.

Le régime constitutionnel conviendrait au Danemarck comme à la Suède ; car le territoire est d'une faible étendue ; il est défendu par des barrières naturelles ; le climat en est rigoureux, le sol peu fertile, et les Danois sont dans l'âge de la maturité, puisqu'ils honorent les sciences, la littérature, et les cultivent avec avantage : mais ils ne désirent point changer de gouvernement, et cela ne doit point surprendre ; lorsque les hommes sont heureux et libres en obéissant, ils s'accoutument à trouver, dans leur obéissance même , le garant de leur liberté et de leur bonheur.

D'ailleurs il est, je crois, peu à craindre que le pouvoir absolu, en Danemarck, devienne tyrannique. Les souverains ne peuvent être tyrans que par caractère, ou par besoin politique. Il est bien difficile que, dans l'état actuel des mœurs et des lumières, les souverains aient naturellement des inclinations tyranniques; de telles inclinations ont, depuis un siècle, été généralement bannies du cœur de l'homme par la civilisation. Si l'on excepte l'Espagne, où les restes de l'esprit monastique subsistent encore, on ne les trouve, en Europe, dans aucune classe de l'espèce humaine ; et les hommes élevés par leur éducation, par leur fortune, y sont devenus moins accessibles que les hommes placés dans les rangs inférieurs; ce qui vient de ce que leurs jouissances sont plus multipliées, leurs relations sociales plus nombreuses, plus étendues, par conséquent leurs passions moins concentrées, moins sourdes, moins profondes. Or, la tyrannie de caractère n'est que l'emploi atrabilaire d'une humeur passionnée que les affections et les plaisirs ne dissipent point.

Quant à la tyrannie par besoin politique, comment et pour quelle raison viendrait elle saisir l'âme d'un roi de Danemarck? Peut-il espérer d'étendre ses états? ou même ses sujets peuvent-ils désirer qu'il en forme le projet et l'espérance? Se conserver, sans donner à ses voisins le plus léger ombrage : telle est toute l'ambition de ce paisible royaume. Simple et modeste par position et par nature, ce qui est plus sûr que de l'être par sagesse, il ne peut demander à son souverain que le goût et l'habitude de la modération.

L'ALLEMAGNE.

Passons à l'Allemagne. C'est un corps immense; et il n'en est point sur la terre de plus divisé, de plus haché en fractions indéterminées. Cela même est, pour chacune, un grand obstacle à l'établissement d'une constitution balancée qui demande, pour une de ses conditions essentielles, la fixité du territoire, et son imposante circonscription. Quelle portion de l'Allemagne n'est point dans un état provisoire sous le rapport des limites et de l'étendue? Quelle est celle qui n'est point en lutte tacite ou ostensible avec les portions qui lui sont contiguës? Quelle est celle qui, même pour exister, ne sent pas le besoin de s'agrandir, ou au moins de s'affermir?

Or, quelle que soit l'étendue d'un état, dès qu'il est en situation aggressive ou incertaine, il lui faut le régime de l'unité. Elle seule dispose, au besoin, de tous les moyens avec secret, célérité et ensemble.

Si maintenant l'on fait abstraction de cette situation indécise, produite dans chaque partie de l'Allemagne par une circonscription vague

et indéterminée ; si l'on considère d'une manière générale le caractère , les mœurs, les
habitudes actuelles des peuples allemands, on
jugera, ce me semble, qu'ils entrent dans la
période de maturité, et que, pour cette raison,
le régime balancé leur serait convenable. Une
femme, justement célèbre, observateur pro-
fond, éclairé, judicieux et sensible, nous les a
fait connaître. Elle les a montrés susceptibles
de méditations fortes, de résolutions opiniâtres,
et néanmoins de sentimens tendres et généreux. Capables d'étudier avec acharnement, ils
le sont également de s'exalter, ou même de
s'égarer par enthousiasme. Poëtes, musiciens
et philosophes, tout ce qui est doux les pénètre,
tout ce qui éclate les ravit, tout ce qui est important les occupe. Ils ont dans l'âme ce
degré de ferveur soutenue qui s'applique avec
un égal avantage aux conceptions imaginaires
et aux travaux du jugement. C'est encore en
Allemagne que l'opinion publique encourage
les hommes laborieux, échauffe les hommes de
génie, honore les hommes estimables ; c'est,
je le répète, en Allemagne que l'espèce humaine paraît entrer dans cet âge de maturité
qui participe à la fois de l'exaltation particulière
à la jeunesse, et de la gravité particulière à la
saison du retour.

Aussi, en Allemagne, la constitution balancée est vivement réclamée, non-seulement par un certain nombre d'hommes fiers et éclairés, mais par des nations entières : les Prussiens, par exemple, invoquent cette constitution, et le souverain l'a solennellement promise. Cependant il diffère l'exécution de sa promesse, et certainement ce n'est point par inclination personnelle pour le despotisme, encore moins par déloyauté ; mais, sans doute, ses ministres le portent à juger que certaines circonstances rendraient, en ce moment, imprudente la concession qui lui est demandée. En attendant que ces circonstances soient écartées, le gouvernement fait jouir les Prussiens de tous les avantages qu'ils pourraient attendre d'une constitution fondée sur la liberté.

Les peuples d'Autriche ne demandent point, comme les Prussiens, à leur gouvernement, une constitution balancée ; on est porté à croire qu'ils en repousseraient au contraire l'établissement. Une telle différence dans les dispositions nationales, lorsque d'ailleurs il y a tant de ressemblance dans le climat, la langue, le tempérament, la situation géographique ; une telle différence semble prouver que les besoins et les vœux des peuples se portent moins vers une forme particulière d'institutions politiques que vers les biens nécessaires à l'existence, biens que les gouvernemens sages et modérés savent toujours garantir.

Comme les Danois, les peuples d'Autriche, de Bohème, de Hongrie, ont pour leur souverain une sorte de confiance filiale et héréditaire. Cela vient sans doute de ce que, depuis le règne de Marie-Thérèse, la monarchie autrichienne est réellement soumise à un régime paternel. La maison d'Autriche s'est constituée par ses mœurs, ses habitudes, ses opinions, en famille simple, grave, modeste; ce qui lui a donné sur l'opinion publique les droits de l'affection, de la vénération; et il n'est pas de droits plus favorables à la permanence.

Mais cette permanence de formes et d'institutions a encore été soutenue par plusieurs circonstances importantes. Essayons de les indiquer.

Vers le commencement du siècle dernier, il s'éleva en Prusse un véritable grand homme ; et ce grand homme fondait un empire. Il avait, pour une telle entreprise, toutes les qualités nécessaires : la force de résolution, l'activité d'exécution, l'audace de caractère et la puissance du génie. Il trouvait d'ailleurs bien des choses dans une situation favorable. La religion catholique ne dominait plus autour de lui. Dans cette partie de l'Allemagne, les idées répressives se disposaient à céder la place aux idées libérales ; et Frédéric lui-même, tributaire zélé de ce grand mouvement, unissait Paris à Berlin, s'entourait des hommes les plus hardis, les plus remarquables ; et dans ses états naissans fécondait, par son exemple, par ses relations, par ses ouvrages, la philosophie française.

Au contraire, vers la même époque, la religion catholique conservait sa suprématie dans les états de Vienne ; et Marie-Thérèse, sincèrement attachée à cette religion, la pratiquait avec zèle ; nul contraste d'ailleurs entre elle et sa cour ; dans son palais, unité de mœurs, d'habitudes et de croyance. Le peuple suivait.

Le caractère personnel de Marie - Thérèse était d'ailleurs conforme à l'esprit de la religion catholique, esprit de persistance, d'opiniâtreté même dans les institutions et les idées.

Son fils Joseph II n'hérita point de ses principes. Animé d'intentions nobles, doué de beaucoup d'instruction et d'esprit, émule, comme philosophe, du grand Frédéric, plus impétueux peut-être, précisément parce qu'il avait moins de génie et de force, il voulut faire germer avec précipitation et violence la philosophie et la réforme sur un champ encore couvert d'idées antiques et profondément enracinées : il fit plus qu'échouer dans un tel défrichement ; il y brisa ses instrumens, y perdit son bonheur, et y consuma son énergie.

Cette tentative imprudente ne pouvait qu'affermir en Autriche la puissance de tous les vieux usages, de toutes les anciennes doctrines; et la révolution française, qui ne tarda point à éclore, et dont la marche fut bientôt si effrayante, donna à cette réaction encore plus de force. Aussi Léopold lui-même, philosophe très-éclairé, céda, pour cette raison même, à l'impulsion nationale. Cette soumission fut de sa part sagesse et non faiblesse. Il est hors du pouvoir d'un homme quelconque de lutter contre un mouvement national.

Le successeur de Léopold a marché sur la même ligne ; et son peuple, ayant beaucoup souffert pendant une guerre dont le principal objet était de propager la révolution française, s'est encore plus fortement attaché aux idées que cette révolution combattait.

Si je ne me trompe, je viens d'expliquer cette sorte de phénomène politique, présenté par notre âge, de deux nations contiguës, parlant la même langue, situées sous le même climat, et cependant animées de dispositions très-différentes. Elles marchent néanmoins vers le même terme, et elles y aboutiront peut-être ensemble, mais la nation autrichienne plus spécialement par l'impulsion de son gouvernement. Aujourd'hui, partout où le peuple reste en arrière, c'est le gouvernement qui s'avance, et qui devient le dispensateur de la philosophie, le régulateur des lumières et de la liberté. On a entendu, à la diète de Francfort, le ministre d'Autriche s'exprimer ainsi dans un discours prononcé au nom de son souverain : « La destination de tout gouvernement est de maintenir l'ordre général, sans gêner l'action libre des individus, suivant leur position particulière. »

Plus récemment l'empereur d'Autriche a sanctionné, pour ses provinces d'Italie, le système de conscription qui lui a été proposé par le conseil aulique de guerre. Par l'effet de ce système la noblesse est soumise à la conscription comme les autres classes de citoyens; il n'est pas d'institution plus libérale, parce qu'il n'en est pas de plus éversive de distinctions injustes entre les hommes. Elle relève l'honneur militaire, et même l'honneur national, en faisant à tous les citoyens un devoir de le soutenir.

Il est vraisemblable que l'empereur d'Autriche étendra cette loi à tous ses états ; et déjà il a cherché à l'introduire en Gallicie ; mais là des formes invétérées, encore subsistantes, ont présenté des obstacles ; et le gouvernement autrichien a l'habitude sage de ne rien heurter, de·ne rien précipiter. C'est ainsi que l'on avance.

L'ITALIE.

L'Italie moderne a eu son temps d'agitation politique. Pendant presque toute la durée du quinzième et du seizième siècle, elle n'a présenté qu'une arène à complots, à factions, à vicissitudes ; chaque ville passait alternativement par l'état d'oppression et par celui d'indépendance ; chaque famille, chaque homme, quel que fût son caractère, s'associait à un parti, les uns par turbulence naturelle, les autres par le besoin pressant de se défendre contre les hommes turbulens.

Si, à cette époque, l'Italie avait formé un corps uni et homogène, elle aurait pu être soumise avec un grand avantage à la constitution balancée ; car elle aurait ajouté aux faveurs de sa position géographique, et à celles d'un territoire d'une étendue et d'une fertilité moyennes, une disposition prononcée à s'occuper de discussions importantes, et à se donner un esprit public. Mais, constamment harcelée et morcelée par la combinaison monstrueuse de l'invasion des Barbares, de l'anarchie républicaine et de l'anarchie féodale, elle ne pouvait être apaisée que par la combinaison salutaire de l'influence religieuse et de l'influence des beaux-arts. Sous cette double domination, calmante et pacifique, l'Italie moderne a traversé vaguement l'âge de sa jeunesse, et même l'âge de sa maturité. Maintenant elle ne peut plus tenir avec quelque ardeur qu'à ses productions brillantes ou aimables. Pour recevoir une constitution balancée, et par conséquent se former à un esprit public, il faudrait qu'elle pût laisser s'affaiblir son génie musical, son génie pittoresque et son génie poétique. Ce serait dommage pour elle, pour l'Europe, pour la nature humaine. D'ailleurs l'Italie est partagée en plusieurs états beaucoup trop petits, et beaucoup trop contigus; chacun ne peut être défendu que par l'unité souveraine.

D'ailleurs encore, l'Italie, ainsi que certaines parties de l'Allemagne, montre combien la division en petites principautés est favorable à la tranquillité, à la prospérité, et même à la liberté des peuples. Chaque prince est excité par l'exemple, par l'émulation, par la rivalité, surtout par la prudence, à faire, le plus qu'il lui est possible, le bonheur de ses sujets. C'est pour lui le seul moyen de retarder l'infusion de son territoire dans un grand état voisin; infusion qui cependant, à la longue, deviendra inévitable.

L'ESPAGNE.

L'Espagne paraît avoir montré, d'une manière qui sera mémorable, combien l'effort des hommes à nobles vues et à caractère élevé, devient inutile, lorsqu'il a contre lui l'état de la civilisation, la divergence des opinions, et les circonstances locales. Le beau mouvement qui, en France, provoqua il y a vingt-huit ans un changement universel, était lui-même un mouvement universel; c'est pour cela que tout l'effet des résistances fut de le rendre plus rapide, en le contraignant de porter sa force jusques à la violence.

Postérieurement, un mouvement du même genre a été provoqué, en Espagne, par des hommes fiers et éclairés, mais en petit nombre, et contrariés par des obstacles d'une force supérieure. Aussi non-seulement ces hommes estimables ont échoué, mais ils n'ont fait qu'attirer des maux terribles sur eux et leur patrie.

L'éducation européenne, à laquelle participaient, depuis un demi-siècle, un assez grand nombre d'Espagnols distingués par leur naissance et leur fortune, les avait associés à la marche philosophique des esprits. Mais l'Espagne, par sa position géographique à l'extrémité de l'Europe, par son climat, cause immédiate de passions impétueuses, et néanmoins d'habitudes indolentes, enfin, par l'épuisement irréparable de vastes contrées, établissant d'immenses lacunes dans le territoire; l'Espagne, considérée en masse, n'avait pu que rester étrangère au mouvement de l'Europe. Les Espagnols formaient un peuple vieilli dans les opinions antiques sur un sol physiquement usé et vieilli. Aussi l'esprit philosophique, lorsque son introduction y fut protégée par un gouvernement d'origine française, ne trouva d'appui que parmi quelques hommes opulens qui s'étaient éclairés, et qui avaient voyagé. La masse populaire, la nation, ne cessa de le repousser avec fanatisme; et en supposant que, sans le secours d'un peuple étranger et sans les événemens de 1814, le peuple espagnol eût été contraint d'accepter à demeure le gouvernement français, comme il avait accepté, un siècle auparavant, le gouvernement qui lui fut donné par Louis XIV, ce gouvernement, d'origine française, se serait lui-même soumis insensiblement à l'influence locale; sous peine d'agitation et de chute, il serait peu à peu devenu féodal, dogmatique, absolu, espagnol.

Que maintenant l'opinion européenne ne cherche donc plus à pénétrer en Espagne pour y élever un gouvernement représentatif et constitutionnel; le territoire ne s'y prête pas; la disposition des esprits le repousse. Que tous les vœux de la philosophie se bornent à placer les chefs de l'état sur des voies libérales, et à les y maintenir. Les gouvernemens philosophes sont ceux qui font le bien des peuples par les moyens que la nature et les circonstances mettent en leur pouvoir; et il semble que le roi d'Espagne commence à revenir de l'excessive défiance imprimée par le malheur et l'oppression à son caractère. Il était naturel que ses souffrances et sa longue détention portassent à l'excès son irritation et ses pensées. Dans l'homme doué d'une âme ardente, qui a été longtemps humilié et solitaire, le ressentiment ne s'arrête que très-difficilement à la raison et à la justice; mais l'expérience ne tarde point à lui montrer que tout excès est une faute, et que, passer de la peine à la vengeance, c'est rentrer soi-même dans le malheur.

L'ANGLETERRE.

QUELLE est la situation politique de l'Angleterre ? Que deviendra sa constitution ? Cette question particulière est très-importante dans le sujet qui nous occupe. Lorsqu'elle sera décidée par le temps, elle fixera les pensées de l'esprit humain sur la nature et les avantages du gouvernement représentatif. Tâchons de la décider d'avance, conformément à ce que le temps démontrera un jour.

Toutes les conditions favorables à l'établissement et à la permanence d'une constitution balancée s'étaient réunies en faveur de l'Angleterre : territoire modérément étendu, circonscription forte et déterminée, fertilité médiocre, climat peu expansif, donnant une gravité naturelle aux mouvemens de l'esprit, et ayant amené de bonne heure la chute de cette exaltation particulière aux sociétés naissantes, de laquelle découle l'autorité dogmatique.

L'Angleterre, placée au sein des mers, et cependant très-voisine de l'Europe, devait se livrer au commerce avec ardeur et succès; et l'intérêt commercial, devenu le foyer principal de l'esprit public, contribuait encore très-puissamment à cimenter la constitution représentative. Les nations commerçantes sont celles où il existe le plus grand nombre d'hommes associés à tous les mouvemens de l'état.

Quel effet général devait résulter de ce concours unanime et de toutes les circonstances favorables? La prospérité nationale, et au degré le plus élevé. La richesse publique, qui est le signe de la prospérité nationale, en était réellement venue en Angleterre, jusques à dépasser tous les exemples contemporains et tous ceux de l'antiquité.

Mais, à son tour, quel est l'effet nécessaire de la richesse publique ? C'est d'occasioner, ou même de provoquer, dans la population, un accroissement très - rapide, qui réciproquement rend nécessaire un accroissement soutenu de richesse et de prospérité. Cependant celui-ci est destiné à trouver son terme dans la constitution physique du globe terrestre ; et, long-temps avant ce terme qui serait imposé par la nature, les sociétés très-florissantes rencontrent la réaction étrangère, source nécessaire de combats , et successivement de catastrophes , de pertes violentes , de grands et profonds renversemens.

Comment concevoir une situation plus critique, plus malheureuse, que celle d'un peuple ramassé, pressé, entassé sur un territoire qui n'est plus en état de l'occuper et de le nourrir? Il est cependant nécessaire que cette situation se présente dans la destinée d'un peuple qui a vivement prospéré; et plus le gouvernement a mis d'habileté à éloigner ce moment fatal, plus il a préparé, augmenté d'avance la violence de la crise, parce qu'il n'a pu éloigner le moment fatal qu'en soutenant, ou même en gonflant, pour ainsi dire, la prospérité.

C'est ce qui est arrivé en Angleterre. Les attaques directes que, pendant plusieurs années, la France lui a adressées, ont vivement menacé cette prospérité déjà colossale à laquelle elle était parvenue; et il était naturel qu'elle se défendît de tous ses moyens, de tout son courage. Les peuples, comme les individus, comme les êtres sensibles d'une nature quelconque, écartent, tant qu'ils peuvent, l'oppression et la souffrance. Mais on doit reconnaître que, si la France eût vaincu l'Angleterre il y a dix ans, ou plutôt si, conformément aux intentions du célèbre Fox lorsqu'il monta au ministère, l'Angleterre, par une composition ménagée, avait renoncé à une prépondérance excessive, elle n'eût alors éprouvé que des souffrances médiocres; tandis qu'en s'obstinant à ne pas descendre , et se mettant par là dans la nécessité de monter encore , elle ne faisait qu'exhausser et escarper la roche du danger.

Je m'empresse de le répéter : le gouvernement anglais n'est point blâmable d'avoir reculé de tous ses efforts le moment où la prospérité nationale, en se repliant sur elle-même , devait froisser plus ou moins tous les individus. A la seule menace d'un tel froissement , il partait de tous les points un cri d'alarme et de résistance , qu'il eût été bien difficile de ne pas écouter. Rien n'est plus naturel à l'homme que de vouloir attermoyer la douleur ; mais il est certain qu'attermoyer les douleurs nécessaires, c'est en accumuler les causes , et qu'il est souvent avantageux aux états, comme aux individus , d'être servis par la contrariété.

Pendant que toute l'Europe était en guerre contre la France , l'Angleterre , chef naturel de cette coalition, parce que c'était sur elle que le triomphe de la France aurait le plus directement porté , l'Angleterre établissait aisément son monopole universel. Partout en Europe, les hommes surabondans, et même les hommes nécessaires, devenaient soldats ; presque toutes les branches de l'industrie humaine étaient stagnantes ; les besoins de mille genres , que partout la civilisation a donnés, ne pouvaient être satisfaits que par les Anglais ; et les souverains consentaient, peut-être sans regret et sans envie, aux profits immenses que l'Angleterre faisait sur leurs sujets ; l'Angleterre leur rendait une grande partie de ces profits en subsides particuliers, et en zèle très-ardent pour la cause commune.

C'est ainsi qu'à la faveur même de la guerre universelle, la force navale, militaire et politique de l'Angleterre s'accroissait jusques au point de donner à cette puissance, dont le territoire est si peu étendu, l'influence majeure et le rang le plus éminent.

La France s'est abaissée ; la paix s'est faite ; plusieurs effets très-importans ont été alors produits. En premier lieu, toutes les armées ont été réduites ; un grand nombre de soldats, rentrés dans leurs foyers, sont redevenus agriculteurs, commerçans, artisans. Rendus aux professions sociales et productives, ils ont recommencé à travailler au profit de leur patrie, par conséquent à l'affranchir des tributs qu'elle payait à l'industrie des Anglais.

En second lieu, l'infusion mutuelle de toutes les armées et de tous les peuples, qui s'est faite en Europe pendant ces dernières années, a servi très-efficacement la faculté d'imitation ;

faculté la plus active, la plus sociale de l'espèce humaine. En séjournant parmi nous, sans trop nous effrayer, beaucoup de militaires étrangers, et beaucoup d'hommes intelligens, éclairés, qui avaient suivi jusqu'en France les armées étrangères, ont goûté immédiatement les fruits de notre industrie, les ont admirés, étudiés, et se les sont appropriés. Dès leur retour dans leur patrie, ils y ont naturalisé, autant qu'il leur a été possible, ce genre de conquête ; et c'est ainsi qu'ils ont porté un préjudice considérable, bien moins encore à la France qu'à l'Angleterre, parce que l'existence de la France est loin de reposer principalement, comme celle de l'Angleterre, sur l'industrie manufacturière. La France a une surabondance et une qualité de produits agricoles qui fondent essentiellement sa fortune, et tendent toujours à affaiblir les pertes que son commerce et son industrie manufacturière viennent à éprouver.

Enfin, tous les peuples et tous les souverains sont devenus économes, parce que tous ont beaucoup souffert ; les jouissances du luxe et les commodités de la vie ont universellement perdu de leur attrait, parce qu'elles ne peuvent plaire vivement que dans l'oisiveté et dans la bonne fortune ; l'adversité rend aux peuples, comme aux individus, le goût des plaisirs sim-

ples et l'estime des biens réels , qui sont la propriété et la tranquillité. Tant de pères de
famille , qui ont vu leur demeure envahie ,
ravagée, qui ont affreusement gémi sur le sort
des objets les plus chers , ont appris , par une
profonde expérience , en quoi consiste le bonheur fondamental de l'homme ! Le lendemain
de la tempête , ils ont rassemblé les débris de
leur ancienne existence ; ils ont donné leur
cœur aux affections modestes , leur activité aux
travaux nécessaires ; ils ont oublié ou délaissé
les satisfactions de la vanité.

C'est ainsi que le peuple éminemment industrieux et commerçant, le peuple anglais
s'est trouvé n'avoir presque plus rien à trans-
porter, ni à faire ; et cela subitement, sans passer par ces transitions ménagées qui adoucissent
les grands changemens. L'Angleterre s'est vue
tout à coup surchargée d'une immense quantité
d'hommes et de produits. Il ne saurait être ,
pour un peuple , de condition plus critique ,
plus malheureuse. La raison en est que les
hommes rendus brusquement superflus par les
circonstances , sont ceux qui jusque - là ont
contracté l'habitude d'une forte occupation mécanique, et le besoin absolu de ce genre d'occupation ; en sorte que l'oisiveté, indépendamment de la misère, suffirait pour les jeter dans

l'inquiétude : hors d'état de suppléer au défaut d'ouvrage mécanique par les travaux de l'esprit, hors d'état surtout de réfléchir, de saisir des idées étendues, de comprendre les causes réelles des malheurs publics, rien ne leur est plus facile que de s'aigrir, de s'irriter, de chercher et de voir, dans toutes les autorités existantes, les causes immédiates de leurs souffrances. L'homme éclairé a lui-même tant de peine à raisonner avec justesse lorsqu'il est dans le malheur !

A de telles époques, il se trouve toujours, dans les rangs élevés de la société, des hommes turbulens ; les uns par aveuglement d'esprit et inquiétude naturelle, les autres par ambition, par amour-propre, par jalousie du pouvoir, par avidité pour les richesses. De tels hommes profitent avec empressement de la détresse publique ; ils échauffent l'irritation populaire ; ils empruntent le langage des hommes pauvres, malheureux, oisifs, ignorans et passionnés ; ils en adoptent, ou ils feignent d'en adopter les sentimens ; ils mettent dans l'expression de ces sentimens une chaleur, soit réelle, soit factice, qui leur donne aussitôt le plus grand ascendant sur la multitude : ce sont les chefs de parti. Que l'autorité mollisse, ou qu'elle se néglige, et ils vont exciter d'affreux bouleversemens.

Tels étaient les pressans dangers de l'Angleterre au commencement de cette année. Qu'il
me soit perm s de montrer que j'en avais conçu
d'avance les préservatifs en même temps que
l'étendue. Au mois d'octobre, l'année dernière,
je publiais, sous le titre de *Manuel du philosophe*, l'enchaînement des principes qui, dans
ma conviction, dirigent tous les êtres, tous les
peuples, tous les mouvemens. Je terminais
ainsi le chapitre consacré à définir les caractères
d'une constitution balancée :

« Supposons, disais-je, qu'il existe u n peuple
indépendant, et un peuple qui a vivement prospéré, quoique sous un climat peu expansif, sur
un sol peu fertile et d'une faible étendue ; un peuple qui, pour devenir très-puissant, n'a été favorisé d'une manière éminente que par sa position,
mais qui, à l'aide de la liberté philosophique,
et d'une constitution balancée, a su tirer de sa
position des avantages extraordinaires.

» Chez un tel peuple, la constitution balancée ne peut plus être maintenue que par
l'habileté et la fermeté du gouvernement ; car
les dangers qui suivent l'exubérance de la
prospérité sont devenus très-nombreux et très-
menaçans. Si, par l'effet de circonstances exté-
rieures, et tôt ou tard inévitables, cette exubérance ne peut plus être projetée sur des con-

trées environnantes, elle se replie sur l'état, elle le foule, elle l'agite, elle l'ébranle. Il est pressant de préparer des diversions lointaines, des expéditions éclatantes, et encore plus d'inspirer au peuple un grand respect, une grande confiance; car il faut le contraindre à savoir souffrir, puisqu'il n'y a point pour lui d'autre moyen d'éviter de périr. »

Toute l'Europe en a été témoin : cette contrainte a été imposée au peuple anglais par le ministère, et cela avec une grande fermeté, adoucie par une grande habileté et une grande prudence. Les mesures de police et de répression ont été cimentées par une forte détermination parlementaire. L'acte d'*Habeas corpus* a été suspendu.

Cette suspension avait déjà été invoquée et obtenue, il y a vingt ans, par le grand homme d'état qui, dès la naissance de la tourmente européenne, montra ce génie puissant qui se compose principalement de prévoyance; mais il est essentiel de remarquer que les circonstances de cette époque et les circonstances actuelles n'ont point de ressemblance. Sous le ministère de Pitt, l'Angleterre était exposée à d'affreuses secousses par l'invasion des principes révolutionnaires qui s'exaltaient en France, et menaçaient l'Europe de leur exaltation. Aujourd'hui cette

exaltation s'est très-affaiblie par l'effet même
des malheurs qu'elle a entraînés. Les principes
révolutionnaires sont réduits, dans les têtes
sages, à leur mesure philosophique; ils sont
conservateurs de l'équilibre, et par conséquent
non séditieux.

Les dangers de l'état, en Angleterre, ne
venaient donc point aujourd'hui de l'esprit
révolutionnaire, mais de la détresse publique.
Aussi, le gouvernement, en suspendant la
plus importante des lois constitutionnelles, n'a
presque point éprouvé d'opposition raisonnée;
l'opinion publique a prêté sa force au parle-
ment; elle s'est manifestée par l'assentiment
presque unanime des commerçans et des propriétaires. La classe essentiellement souffrante
de la nation, la classe si malheureusement
opprimée par les circonstances, a seule mur-
muré et résisté, parce que, dans la souffrance extrême, on ne prévoit plus, on ne raisonne plus.

Je crois devoir insister de nouveau sur cette
observation : elle est très-importante. Dans
cette crise si imminente, où l'Angleterre vient
de se trouver, le devoir imposé au gouvernement de se rendre très-fort, et de se montrer
très-ferme, a été senti par le plus grand nombre
d'hommes éclairés, par ceux qui dirigent l'opinion, ou même qui la font et qui l'expriment;

or, tel est l'avantage d'une constitution balancée, surtout lorsqu'elle est établie depuis long-temps. Le corps représentatif, composé de ses trois branches, est devenu par son ensemble le protecteur vrai des besoins généraux, et l'organe prononcé de l'opinion publique; ce corps représentatif donne aux opérations salutaires, aux opérations nécessaires, assentiment, légalité, et force. L'on devait attendre que le corps représentatif, en Angleterre, appuierait les ministres, les fortifierait contre l'horrible tempête, les aiderait à sauver l'état.

Mais en quoi consistera ce salut de l'état, s'il est définitivement procuré par la vigilance, l'habileté des ministres, et le concours éclairé du corps représentatif? C'est ici qu'il faut reprendre les choses politiques dans l'ordre imprimé par les lois universelles, afin de ne demander au gouvernement anglais que ce qu'il peut faire, et afin de se disposer d'avance à l'estime, à la reconnaissance, s'il parvient à faire ce qui seul peut être fait.

L'Angleterre pourra-t-elle recomposer la puissance énorme qu'elle a perdue? Pourra-t-elle même s'élever de nouveau à un degré de prospérité soutenu et éclatant? Non; cela me paraît impossible; les temps sont passés; les déviations sont faites; les grandes sources de la prospérité, de la puissance, s'apprêtent décidément à couler d'un autre côté. Je ne pense point que l'Angleterre puisse jamais ressaisir cette prépondérance navale, commerciale et politique, qu'elle avait conquise à l'aide de circonstances très-importantes, mais uniques, et qui ne se représenteront plus. Pour qu'elle s'élevât très au-dessus de ses forces naturelles, il fallait qu'elle y fût excitée par un agresseur extrêmement fort, qui non-seulement la contraignît au développement outré de son énergie, mais encore lui donnât un grand nombre d'auxiliaires très-puissans.

Une telle disposition dans les choses ne pouvant plus se reproduire, l'Angleterre, au terme de la crise actuelle, sera réduite aux forces qui lui appartiennent naturellement.

Ainsi le gouvernement anglais, s'il conserve l'état, ce que tout homme sensé désire et espère, le gouvernement anglais sera parvenu à prévenir d'épouvantables bouleversemens, à sauver la vie et la fortune du plus grand nombre des propriétaires. Sous sa direction ferme et prudente, le vaisseau de l'état aura traversé, non sans souffrir, mais sans périr, de terribles écueils. Au terme de cette navigation orageuse, l'équipage et le vaisseau se trouveront faibles, mais mutuellement proportionnés; c'est ce qui ra-

menera la paix, l'ordre et la confiance. L'Angleterre, déchue pour toujours du rang suprême,
sera cependant encore une puissance forte et
imposante. Ses relations commerciales, toujours favorisées par sa position et par le
caractère de ses habitans, conserveront une
étendue modérée, reprendront même une
activité brillante, mais ne redeviendront jamais
exclusives et universelles.

Enfin, l'Angleterre rentrera en jouissance
de sa constitution balancée, qui même n'aura
jamais été détruite, qui seulement aura fortifié
sagement et temporairement le pouvoir souverain.

Et je crois pouvoir le dire encore : C'est alors
que seront sensiblement manifestés les avantages d'une constitution balancée. Que l'on
suppose l'Angleterre, aujourd'hui, sous la domination absolue d'un homme très-ferme,
très-habile, très-prévoyant : sans doute elle
traversera la crise qui menace son existence;
elle sera conduite, et même avec moins de
résistance, à ce terme que nous venons d'indiquer, à ce terme d'équilibre entre l'exigence
de la population et les ressources du territoire;
mais, pour cela, il faudra que cet homme lui-
même conserve inaltérablement sa force, et
exerce constamment sa vigilance : s'il se trompe,

si, ne pouvant tout voir par lui-même, il est trompé; s'il meurt, soit naturellement, soit par la main d'un traître; s'il n'est pas immédiatement remplacé par un successeur doué de la même activité, de la même puissance, à l'instant le vaisseau fait naufrage, il est brisé en tout sens; quelques planches seulement sauvent quelques passagers.

La constitution balancée, tant qu'elle pourra se maintenir, mettra la nation anglaise à l'abri de chances si redoutables. Je dis, tant qu'elle pourra se maintenir, parce que aucune institution ne peut être éternelle; aucune nation elle-même ne peut s'affranchir de la loi universelle qui condamne à tomber, à finir, tout être qui s'est formé, qui s'est élevé. Les nations, comme les individus, sont destinées à mourir, par cela même qu'elles ont reçu naissance; elles passent successivement, comme les individus, par l'enfance, la jeunesse, l'âge mûr, la vieillesse. La constitution balancée est le régime le plus convenable à leur âge mûr : pendant leur jeunesse, elles s'y préparent; pendant leur enfance, elles n'en étaient point encore susceptibles; pendant leur vieillesse, elles ne le sont plus.

N'ayant point observé sur les lieux mêmes les mœurs de la nation anglaise, je ne me permettrai point de dire à quel âge de civilisation elle me semble parvenue. Je suis porté à croire que son âge mûr s'est prolongé à la faveur de cette modération de tempérament qu'elle doit au climat. Mais je puis me tromper ; il est possible que sa vieillesse s'avance. Qu'il me soit permis de dire ici à quels caractères généraux je pense que l'on peut reconnaître la vieillesse des états. Cette définition même prouvera peut-être aux hommes qui connaissent avec précision la nation anglaise, qu'elle est encore dans la période de la vigueur unie à la constance.

Chez les peuples âgés, comme chez les vieillards, les pensées sont judicieuses, les résolutions ont de la sagesse ; mais l'exécution manque de force ; elle ne se soutient pas.

Pour les peuples âgés, comme pour les vieillards, les occupations profondes sont devenues fatigantes ; ils délaissent les livres méthodiques, pleins ; et de longue haleine ; ils sont effrayés de la force d'attention qu'il faudrait donner à leur lecture ; d'ailleurs leurs idées sont faites, peu susceptibles de modifications : les vieillards peuvent vivre sur leurs acquisitions, les entretenir, mais non en faire de nouvelles.

De même que les arbres âgés ne croissent pas, ne se décorent plus d'un pompeux feuillage, portent très-peu de fruits, mais que leurs fruits sont d'une excellente qualité ; de même chez les peuples âgés il s'élève un très-petit nombre d'hommes forts et simples, qui rassemblent dans leur pensée toute la science, toute l'expérience, toute la raison de leurs contemporains ; ils les reproduisent sous forme grave et substantielle : excellens et derniers fruits de l'arbre social ; ils renouvelleront son existence dans d'autres temps et d'autres lieux.

Chez les peuples âgés, il est un grand nombre d'hommes honnêtes qui demandent pardessus tout le repos, et qui presque toujours garderaient une neutralité absolue, lors même que l'on traiterait publiquement les questions les plus importantes. Chacun de ces hommes compare son unité particulière à l'ensemble de la population dont il fait partie; il pense que son action personnelle, que l'expression de ses vœux, se perdraient dans la somme et le mouvement de toutes les actions ; que, par conséquent, ce serait à peu près sans profit pour l'état et sans influence sur la chose publique, qu'il compromettrait son sort et sa tranquillité.

Une telle disposition à la retraite politique touche de près à l'indifférence ; elle avertit du moment où le pouvoir souverain doit prendre beaucoup d'énergie et de vigilance; car l'indifférence, lorsqu'elle devient générale , tend à constituer la société dans un état ressemblant à celui de ces masses de sable, que l'on remue, que l'on déplace , que l'on déforme très-aisément. Sur une arène si divisée , le moindre vent des factions produit des bouleversemens.

Voici cette même considération plus développée ; elle mérite l'attention des hommes réfléchis.

Lorsqu'un peuple est encore en mouvement de croissance , l'individu industrieux ne craint pas les associations similaires ; je veux dire que les hommes , livrés aux occupations , soit mécaniques , soit libérales , ne redoutent pas la concurrence des hommes livrés aux mêmes occupations. Au contraire , dans une même ville , les hommes qui exercent la même profession , sont portés à s'unir entre eux, à former une *corporation* , afin de pouvoir élever leur profession même à un degré d'éclat et d'utilité qui en augmente le plus possible les avantages. Le partage des profits pécuniaires ou de la considération se fait ensuite entre tous les hommes qui y ont concouru.

Tant que la profession s'élève , la corporation subsiste. Mais, lorsque la profession cesse de s'élever , lorsqu'elle a assez produit , ou du moins lorsque les choses qu'elle produit cessent

d'être recherchées avec empressement , alors
chaque individu, exerçant cette profession, s'ef-
force naturellement de conquérir à son profit
ce qui reste encore de travail lucratif ou de
considération accordée : alors la corporation se
dissout.

Et l'on voit que ce progrès doit avoir lieu ,
non-seulement dans les diverses professions ,
mais encore dans les opinions importantes.
Chacune de ces opinions, à l'instant où elle
commence, provoque l'association des hommes,
en petit nombre, qui sont les premiers à la soutenir. Chacun, en travaillant à étendre l'association , et l'opinion sur laquelle elle est fondée ,
travaille à étendre sa propre existence et à l'affermir. Les obstacles , pourvu qu'ils ne soient
pas manifestement invincibles, ne font que ser-
rer les nœuds de l'association, et imprimer à
chacun de ses membres plus de zèle , plus
d'énergie.

Mais lorsqu'enfin les obstacles sont écartés ,
que l'opinion est fortement répandue , qu'il n'y
a plus de difficulté à la soutenir, plus de gloire
ou d'autres profits à recueillir pour l'avoir soutenue , alors l'association se termine ; chaque
individu porte d'un autre côté son ambition.

De tout cela on doit conclure généralement
que l'esprit d'association ne peut s'éteindre dans

un état qu'à l'époque où tous les effets impor-
tans sont obtenus ; que, par conséquent, il serait alors impossible de le faire revivre ; de
même que, pendant la jeunesse de l'état, on se
serait vainement efforcé de le prévenir.

Que les administrateurs, les législateurs, les
politiques, qui veulent savoir dans quelle période d'existence se trouve un état, afin de lui
donner les lois qui lui conviennent, observent
donc si les individus se groupent entre eux par
communauté d'intérêts , ou bien s'il n'y a généralement que des individus isolés, des familles isolées. Dans ce dernier cas , il est évident que, le peuple tendant à la divergence, les
institutions qui lui sont données doivent tendre
proportionnellement à la concentration , à
l'unité.

C'est ce que César avait très-bien vu , lorsqu'il voulait rassembler sous son joug libéral
les individus, issus de républicains, qui, de
son temps, formaient le peuple de Rome. Ces
individus n'avaient plus rien à obtenir, plus
rien à conquérir ; ils n'étaient plus républicains.

Que fit Brutus en poignardant César ? Il ren-
dit Octave nécessaire.

LA FRANCE.

J'aborde enfin la cause de ma patrie ; et ce n'est pas sans émotion. Je voudrais discuter ses plus grands intérêts d'une manière digne de mon attachement pour elle. J'ai tenu vivement à sa gloire ; je tiens beaucoup à sa liberté ; mais je suis père de famille ; je désire profondément la voir rendue à une situation à la fois féconde et paisible ; pour cela, il faut qu'elle soit conduite selon les lois de l'équilibre vital et organique ; car voici la définition de l'équilibre vital : régularité de mouvement, et stabilité par l'harmonie.

Depuis long-temps je l'ai pensé, et je l'ai souvent écrit : une constitution balancée, lorsque par son ensemble elle est parfaitement adaptée à l'âge, au tempérament, à toutes les conditions de l'existence d'un peuple, est le plus ferme et le plus noble garant de son équilibre vital, par conséquent, de sa liberté, de son activité, de sa permanence.

Une constitution de ce genre a été donnée au peuple français par un souverain formé à la grande école de la retraite, de la réflexion et de l'expérience. Une telle origine aurait suffi pour l'entourer d'une prévention heureuse.

Ce fut un grand malheur, au commencement de la révolution française, que la première assemblée représentative s'érigeât en assemblée constituante. Une constitution, n'étant autre chose qu'un système, ne peut se passer d'unité et de liaison intime. Or un bon système, un vrai système ne peut être conçu que par un seul homme. Dans une assemblée, composée même d'hommes tous désintéressés et d'un esprit supérieur, il y a nécessairement discordance d'opinions et de principes; et tel membre de cette assemblée qui, seul, aurait composé un excellent ouvrage, ne fait qu'exagérer et contribuer à l'incohérence générale par l'excitation même de l'opposition et de l'incohérence. Lorsque les anciens peuples voulaient se donner une constitution, ils en chargeaient un seul homme.

Les trois élémens de la constitution balancée devaient être disposés en France selon des rapports différens de ceux qu'ils ont en Angleterre. Le territoire de la France est plus étendu, plus fertile; il n'est point circonscrit, comme le territoire anglais, par des barrières continues, et partout faciles à défendre; il est situé sous un climat beaucoup plus expansif; et, ce qui est important, il n'est point homogène;

l'étendue même de la France s'y oppose. Je m'explique.

Dans un état dont les limites sont rapprochées, les différences de tempérament et de caractère entre les habitans de ses diverses contrées peuvent n'être pas assez considérables pour qu'ils ne soient tous disposés à entrer dans le même faisceau. Mais si le territoire est vaste, si le caractère naturel de ses habitans montre de grandes différences, si, dans une région, les hommes sont naturellement passionnés et mobiles, tandis que dans une autre ils sont naturellement calmes et constans, il ne faut point s'attendre à ce qu'il y ait entre eux unité de sentimens sur les choses importantes ; au contraire, la nature même tendra toujours à les mettre en opposition mutuelle. Par conséquent, dans l'ensemble de l'état, il ne pourra exister ordre, unité, force publique, que par le moyen de l'obéissance générale à un grand pouvoir.

Sans doute la civilisation, le commerce, les lumières, tous ces provocateurs constans à l'échange des idées, au mélange des individus, à l'infusion mutuelle des opinions et des caractères, peuvent affaiblir les causes de dissensions qui naissent de la distance des lieux et de la différence des climats ; mais ce n'est qu'un affaiblissement qu'ils peuvent porter à l'action de ces causes naturelles. Celles-ci s'adressent directement aux hommes sédentaires qui, partout, forment le plus grand nombre; elles impriment toujours un esprit local, des mœurs locales; et, si l'on rapproche par des institutions, par des assemblées périodiques, les hommes qui ont pris en ces divers lieux leur caractère, leur tempérament, leurs habitudes; si, par la nature même de ces institutions, on est contraint d'accorder des droits égaux aux hommes hétérogènes qu'elles rassemblent, on ne parvient pas pour cela à les concilier, à les pénétrer d'inclinations et d'opinions communes: au contraire, par cela même qu'ils sont en présence, ils se froissent, ils s'irritent; du simple état de divergence ils passent à l'état d'animosité.

On voit combien leurs dissensions compromettraient la chose publique, si, par la constitution de l'état, ils n'étaient pas tous soumis à l'ascendant et au pouvoir d'un régulateur suprême.

Cet ascendant et ce pouvoir se montrent encore plus nécessaires, lorsque l'on observe tous les effets d'une haute importance qui peuvent être produits par la diversité des climats. La religion catholique, avec ses sentimens passionnés et ses idées répressives, règne encore sur le midi de la France; au nord, elle n'a point le même empire; et dans plusieurs provinces, non-seulement du nord, mais encore plus du midi, la religion reformée s'est établie avec zèle et persévérance. Sans doute, le Roi, protecteur paternel de toutes les religions, a eu la haute sagesse de ne donner à aucune, par la charte constitutionnelle, une existence politique; ainsi la diversité des religions en France est loin de s'opposer à l'action générale de la constitution. Mais la diversité des religions dans un état produit nécessairement une diversité proportionnelle dans les opinions, dans les intérêts et même dans les caractères, surtout lorsque, parmi ces religions, il en est une qui est éminemment dogmatique et exclusive; car toutes les autres agissent contre elle par esprit de secte. Les sociétés humaines ne sauraient connaître, pendant leur existence, de causes plus violentes, plus opiniâtres, d'animosité mutuelle, de trouble, de division.

Et, à son tour, la philosophie moderne est venue réagir contre toutes les communions chrétiennes, non par esprit de secte, mais par impulsion de changement, de progrès, de civilisation. La religion chrétienne s'est trouvée naturellement liée à toutes les idées, à toutes les habitudes, à toutes les institutions qui ont pris naissance avec elle pendant l'enfance des sociétés européennes. Elle a d'ailleurs essentiellement pour esprit l'humilité, la constance et le respect de la vétusté; esprit très-recommandable, et même très-bienfaisant lorsqu'il est en harmonie avec l'état général de la société. Mais il est aujourd'hui un grand nombre de Français qui ont accédé aux mouvemens de cette civilisation brillante et libérale que la religion chrétienne a elle-même favorisée; ils ont adopté avec franchise les pensées de la philosophie; celle-ci a sans doute pour principe, de respecter également tout ce qu'elle juge bon et utile parmi les choses modernes et parmi les choses antiques; mais les philosophes sont hommes comme les chrétiens; ils ont, comme eux, tous les penchans de l'humanité. Lorsqu'en leur présence, et surtout à leur détriment, on veut faire triompher les choses antiques, ils se jettent par réaction vers les choses modernes; ils s'efforcent de les faire triompher.

En Angleterre, où ces causes de division n'existent pas au même degré qu'en France, il est de plus une source générale d'union que la France ne possède pas.

En Angleterre, les propriétaires d'un genre

quelconque ont directement un intérêt commun : c'est la prospérité du commerce ; tous placent dans le commerce ce qu'ils peuvent se procurer de fonds surabondans. On peut dire que le commerce, en Angleterre, est, sinon la vie exclusive de l'état, du moins sa vie majeure et prépondérante ; ce qui vient, d'une part, de ce que le territoire est peu fertile, et, d'un autre côté, de ce qu'il est situé de la manière la plus favorable aux grands mouvemens d'échange et de transport.

Il n'en est pas de même en France. La fécondité du sol attache un grand nombre d'hommes directement et exclusivement à l'agriculture ; c'en est assez, pour l'emploi de leur fortune, de rester agriculteurs ; ils consacrent à l'amélioration ou à l'augmentation de ce genre de propriété les profits mêmes qu'ils en retirent ; ils ne songent pas à devenir en même temps capitalistes ou commerçans.

Sans doute les intérêts de cette classe importante de citoyens sont liés à la prospérité générale du commerce ; mais ce n'est pas toujours d'une manière prochaine et immédiate ; et il est partout un grand nombre d'hommes qui, soit par défaut de lumières et de prévoyance, soit par impatience et mobilité, ne tiennent vivement qu'à leurs intérêts prochains et immédiats.

En matière d'impôts, par exemple, les charges publiques étant, de la part de ceux qui les supportent, un déboursé actuel et immédiat, on voit l'agriculteur, lorsqu'il n'est pas commerçant, tendre à les rejeter, autant qu'il lui est possible, sur le capitaliste, et se persuader aisément que, de son côté, le capitaliste tend de tous ses efforts à rejeter la masse entière des contributions sur l'agriculteur. Ces deux classes d'hommes sont ainsi mutuellement en agression et en défiance.

Enfin, en Angleterre, la masse générale de la nation a eu la même origine. En France, la nation s'est formée successivement par la réunion long-temps irrégulière, et comme fortuite, de fragmens épars. Chacun de ces fragmens n'est entré dans l'association générale que difficilement, et en exigeant la conservation de ses mœurs, de ses habitudes, de ce qu'il appelait ses priviléges. De là est résulté pour l'ensemble un mode hétérogène de composition qui a jeté long-temps de grandes difficultés dans l'administration de l'état, a fortement contribué au tumulte révolutionnaire, et conserve encore, quoique d'une manière beaucoup moins marquée, son influence sur l'état général des esprits; la Bretagne, par exemple, y est encore soumise.

Je crois avoir rassemblé les principaux mo-
tifs de penser que la constitution en France,
pour être stable, pour être balancée, devait placer, pour ainsi dire, dans le bassin du pouvoir
suprême, une masse de forces plus considérable
que celle qui lui correspond dans la constitution
anglaise, afin de donner au souverain les moyens
de coercer les divagations, et neutraliser les dissensions, qui naissent en France des circonstances locales. En regard d'un peuple très-ex-
pansif, très - porté à la divergence, il fallait
nécessairement une royauté puissante et con-
centrée ; car une constitution sociale a pour
objet de balancer, non des poids, mais des mouvemens.

Je ne ferai point ici l'examen raisonné de la
constitution française ; on reconnaît unanime-
ment que c'est un système bien ordonné. *Pon-
deribus librata suis :* telle pourrait être sa devise.
Je me bornerai à insister sur les avantages d'un
de ses points fondamentaux, et sur les conséquences qu'il entraîne.

En France, le Roi s'est réservé l'initiative ;
les ministres ne proposent qu'en son nom. En
Angleterre, quoique d'après l'usage, mais non
le droit, toute proposition à la chambre des
communes ne puisse émaner que d'un ministre,

celui-ci ne la fait point en qualité de ministre, mais en qualité de député.

Cette conception nouvelle dans la constitution française est loin de me paraître fausse ou imprudente. Au contraire, je pense, en premier lieu, que la franchise est honorable dans les grands exercices du pouvoir. En second lieu, cette franchise d'attribution fait de la royauté le pouvoir essentiellement législatif; et, en France, cela est nécessaire pour toutes les raisons que nous avons exposées. Il n'est en France que le Roi qui puisse embrasser avec facilité et impartialité l'ensemble des opinions et des intérêts.

Mais voici ce que cette institution entraîne. Elle fait que, dans l'action et les discours des ministres, le peuple français prend l'habitude de ne voir que l'action et les discours du Roi. Une telle habitude impose aux ministres des devoirs immenses. En effet, la royauté ne pouvant, aux yeux du peuple, et pour l'intérêt du peuple, cesser d'être grande, noble et juste, tout ministre qui tiendrait un langage ou une conduite sans grandeur, sans noblesse, sans justice, se séparerait de la royauté; car, s'il prétendait encore lui appartenir, et si réellement il persistait à en faire partie, il la rabais-

serait, il la dégraderait dans l'opinion publique;
ce qui porterait une atteinte profonde à l'ordre
social.

D'un autre côté, puisque c'est le Roi lui-
même qui a donné aux Français une charte
constitutionnelle, tout ministre qui, sans une
raison évidente, publiquement discutée, publiquement approuvée, ferait à la constitution
une infraction manifeste, se rendrait fortem ent
coupable, car il agirait à la fois contre les vœux
du peuple et les intentions du souverain.

Ainsi, par l'effet de l'initiative réservée au
Roi, le ministère est soumis à une surveillance
rigoureuse, et de la part du prince et de la part
du peuple. Cette rigueur est salutaire. Elle fait
aux ministres une loi continue du patriotisme,
de la dignité et de la fidélité.

Je pense que tel doit être l'esprit des lois sur
la responsabilité des ministres ; il me semble que
le caractère de ces lois doit être moral, bien plus
que pénal, fondé sur l'honneur bien plus que
sur la jurisprudence ; elles doivent atteindre les
intentions de l'âme, bien plus que les actes de
l'autorité ou les opérations de l'intelligence. De
grandes fautes d'administration peuvent ne pas
être des crimes, pas même des fruits de l'inca-
pacité ou de la négligence. En économie politique, comme en médecine, il se présente tant

de choses obscures! L'imperfection humaine rend impossible la raison absolue, surtout pour les hommes dont la position est à la fois très-compliquée et très-élevée. C'est à eux principalement que l'on doit laisser, avec quelque abondance, la faculté de profiter de l'expérience, d'écouter les réclamations publiques, et de réparer tacitement d'involontaires erreurs.

Quant aux deux chambres législatives, il est évident que le Roi, en se réservant l'initiative, a prudemment établi d'avance qu'elles se réduiraient d'elles-mêmes à ne faire que des amendemens aux lois proposées. Jamais, ou presque jamais, elles ne prononceront un refus absolu et entier. Des lois, proposées par le souverain, et rejetées par les chambres, produiraient sur l'opinion publique un effet malheureux, parce qu'il serait dépréciateur de la royauté. Si ce refus avait lieu fréquemment, le Roi, en dissolvant la chambre renitente, ferait un acte de dignité, et ordinairement de nécessité. Mais comme de tels actes entraînent toujours, au premier instant, des mouvemens funestes, et comme ils compromettraient l'état d'une manière radicale, s'ils étaient répétés, le gouvernement a des moyens efficaces d'en prévenir le retour, et l'on ne peut douter qu'il ne les emploie avec sagacité et prudence. Ces moyens consistent à s'assurer d'avance, en faveur des lois qui seront proposées, l'assentiment de la majorité. Cette précaution entraîne naturellement celle de ne point proposer publiquement les lois qui n'auraient pas obtenu cet assentiment préliminaire. Par ce double produit d'une tactique politique, qu'il est aisé de rendre noble et toujours utile, la marche du gouvernement devient sûre et imposante; il n'y a eu de discussion et de résistance publiques, que ce qu'il fallait pour l'éclairer et l'appuyer. Ainsi constituée, la monarchie représentative est bien douce, bien conciliante.

Et il est à propos de rappeler ici aux esprits judicieux que *conciliation* et *opposition* ne sont rien moins que deux choses incompatibles. Comment se ferait la conciliation et s'établirait l'harmonie, si ce n'est entre des choses qui d'abord se seraient combattues? L'opposition est nécessaire dans un gouvernement représentatif; car, ainsi qu'on l'a dit avec simplicité et vérité, on ne peut s'appuyer que sur ce qui résiste. Mais, pour que la résistance appuie et affermisse, pour qu'elle ne renverse pas, il faut qu'elle soit inférieure en force au pouvoir fondateur; il faut, par exemple, que, dans les états soumis au gouvernement représentatif, le pouvoir fondateur soit lui-même soutenu

par les intérêts majeurs et les opinions prépon-
dérantes, tandis que l'opposition ne doit être
que la voix des institutions qui tombent, des
opinions qui s'éteignent, et des intérêts person-
nels que le mouvement général contraint de
sacrifier. C'est bien ainsi que le pouvoir fondateur et l'opposition se sont trouvés respective-
ment constitués dans la session dernière; et
c'est ce qui a donné à cette session une marche
très-favorable à l'affermissement de l'état.

Les raisonnemens que je viens de faire, et
les principes que je viens d'établir, sont de
cette nature que l'on peut appeler générale et
permanente. J'ai considéré simultanément la
France et sa charte constitutionnelle dans leurs
rapports mutuels et de longue durée; j'ai fait
abstraction des circonstances actuelles, circonstances de nature transitoire, mais cependant
d'une trop grande importance pour ne pas mé-
riter transitoirement beaucoup de considération. Je dois maintenant essayer de dire ce que
je pense sur l'influence qui, en ce moment,
doit leur être accordée.

Et, en premier lieu, lorsqu'un nouveau gouvernement s'établit, ou lorsqu'un ancien gouvernement se relève, il est impossible que sa
marche soit, en tout, franche et sans détours;

car il est encore faible lorsqu'il s'établit; et les détours, ainsi que la violence, sont deux allures de la faiblesse. Il y a de plus, pour de tels gouvernemens, la nécessité de tâtonner les moyens d'exécution, et d'employer, par anticipation, des moyens encore imparfaits qui se bonifieront par l'usage. M. Benjamin Constant a dit, avec autant d'esprit que de vérité : « Quand une machine vient d'être mise en mouvement, beaucoup de ressorts crient. »

En second lieu, un autre écrivain que j'ai déjà cité, et que l'on me pardonnera de citer encore, a dit, et ce me semble avec raison : « La constitution balancée aurait besoin d'être préparée, et non établie subitement et dans toute sa plénitude, chez un peuple qui aurait échappé récemment à de grandes convulsions politiques; car chez un tel peuple le mouvement général, l'intérêt général, auraient encore pour adversaires bien des passions froissées; et les passions ont toujours de la force, lors même que les hommes qui les éprouvent sont en petit nombre. Tandis que le mouvement général reçoit, de sa puissance même, une direction paisible, les passions froissées excitent des factions ardentes qui compromettent et peuvent irriter le mouvement général. » (*Manuel du Philosophe*, page 97.)

Enfin il est une considération, très-délicate sans doute, mais d'une trop grande importance pour que je ne sente pas le devoir de la présenter aux Français.

Supposons un peuple extérieurement surveillé par une puissance militaire qu'il ne pourrait combattre. Un tel peuple peut être libre de droit; mais il ne l'est pas entièrement de fait : car, pour les peuples, l'indépendance seule réalise les droits et la justice.

Il suit de là que le peuple ainsi placé se conduira avec prudence s'il laisse à son gouvernement la faculté de fixer la mesure de liberté dont il doit provisoirement jouir ; car son gouvernement seul, initié à tous les secrets, connaît la volonté et les intérêts des souverains extérieurs qui exercent la puissance militaire. Si le peuple voulait, soit par lui-même, soit par ses représentans, soit par ses livres, ses journaux, ses discours, discuter et déterminer la mesure de liberté à laquelle il croirait avoir sur-le-champ droit de prétendre, il pourrait, sans intention, choquer des intérêts et une volonté qui, s'éloignant aussitôt des simples fonctions de surveillance, passeraient à l'état de répression par voie d'hos

Ce qu'il faut enlever surtout à un peuple généreux que de grandes catastrophes ont profondément affaibli, c'est la faculté de s'exalter contre une nécessité impérieuse ; chacun de ses plus nobles mouvemens ne le conduirait qu'à augmenter ses malheurs.

Après ce que je viens de dire, voici ce que la justice m'ordonne d'ajouter :

Il fut un temps où je partageais la patriotique défiance des citoyens français contre les gouvernemens étrangers ; je manifestais mes sentimens avec une ardeur, toujours vraie, quelquefois imprudente.

Aujourd'hui, éclairé par deux ans de réflexions attentives sur la marche générale des souverains et des peuples, je pense que la plupart au moins des gouvernemens étrangers méritent la confiance des patriotes français. La raison m'en paraît frappante et naturelle : le temps et l'expérience ont introduit partout les lumières de la philosophie. Déjà, depuis un demi-siècle, plusieurs souverains en sentaient l'éclat et la force ; aujourd'hui, non-seulement presque tous les souverains et leurs conseillers, mais encore, dans tous les états de l'Europe, les hommes les plus élevés par leur rang et leur fortune, accueillent, comme évidente, cette pensée si conciliante, si sage, si salutaire : Les révolutions étant, à un certain terme, des mouvemens inévitables, le devoir des gouvernemens éclairés est de les faire avec douceur et prudence, afin que la nécessité et les peuples ne les fassent pas.

Quel est, en Europe, l'objet de cette révolution si grande, si générale, qui fut commencée, il y a vingt-cinq ans, par la nation française? C'est la liberté politique, et la liberté philosophique, c'est-à-dire, la liberté du citoyen, et celle de la pensée. Si, comme j'en ai la persuasion, presque tous les gouvernemens de l'Europe s'occupent réellement d'établir, mais avec ménagement, cette double liberté; si, par honneur autant que par sagesse, ils ne veulent pas être contraints, ni précipités dans leur marche libérale, quel moyen ont-ils de l'assurer, si ce n'est de s'affranchir désormais de l'impatience, des mouvemens, de l'influence d'un peuple dont ils estiment et redoutent l'activité?

Supposons maintenant que, par un noble sentiment de patriotisme européen, autant que par intérêt pour notre tranquillité, le gouvernement français soit entré dans cette coalition de libéralité et de prudence, quelle loi lui est imposée, si ce n'est de conduire le vaisseau de l'état avec fermeté et dextérité? Et, je le demande à tout homme juste, sur une mer semée d'écueils cachés ou découverts, que de droits et d'autorité ne doivent pas être laissés au pilote? N'est-il pas pressant d'entrer enfin dans le port? Et surtout n'est-il pas pour nous de la plus haute importance de ne plus prendre les voies qui pourraient nous en écarter? Est-ce impunément que nous nous tromperions encore? N'est-ce point la mort, et la mort violente, affreuse, que nous trouverions subitement au terme d'une nouvelle erreur?

Je me résume ; et, en cela, mon dessein est de me faire entendre le mieux qu'il me sera possible ; dans une cause si grande, si pressante, le devoir d'un écrivain est d'être clair et précis.

Les Français veulent être libres ; et le souverain, en France, veut constituer et affermir la liberté.

Cet accord des intentions du prince avec les vœux et les besoins du peuple est une circonstance très-heureuse ; elle ne peut point rester sans effet.

Mais, en France, les caractères ne sont point uniformes, les opinions ne sont point concordantes, les intérêts ne sont point unanimes ; et cette divergence, produite par un grand nombre de causes, mérite beaucoup de considération. Elle fait surtout que la liberté publi-

que doit être exclusivement établie et constituée par le gouvernement; car, si le peuple
voulait, même par ses représentans, en régler
la distribution et la mesure, il rentrerait bientôt, par la discorde, dans l'anarchie et le chaos.

La divergence des caractères, des opinions
et des intérêts, en France, procède d'abord de
circonstances locales et permanentes, telles que
l'étendue et l'inégalité du territoire, causes
soutenues de la différence des climats.

Elle procède, en second lieu, des événemens
d'une grande diversité, d'une grande importance, qui se sont rapidement succédés depuis
vingt-cinq ans.

Dès le début de cette période si mémorable,
l'ancienne monarchie a été abattue ; et ce
mouvement, d'une extrême violence, a écarté,
foulé, opprimé la plupart des hommes et des
familles qui, par habitude, par honneur, par
reconnaissance, tenaient aux anciennes choses,
aux anciennes institutions.

L'ordre nouveau, victorieux à l'excès, a fini
par succomber sous la réaction que cet excès
même a provoquée. La victoire a passé de nouveau du côté des choses anciennes; celles-ci
sont venues redemander, à titre d'héritage, ce
qui, par l'interruption tranchée et soutenue de
la possession, avait cessé d'être propriété. De là

est née la collision impétueuse de tout l'ordre ancien avec tout l'ordre nouveau. Tous les élémens de la société se sont trouvés en opposition mutuelle.

Pour se terminer au gré de la justice, la révolution devait nécessairement passer par une telle épreuve; car la justice exigeait que les partisans de l'ordre ancien, et les partisans de l'ordre nouveau, se trouvassent un jour réunis sur le sol de la France, et avec des droits égaux, puisque tous aimaient la France, et s'honoraient du nom français, puisque tous d'ailleurs avaient eu des torts réciproques, et étaient passés alternativement du rang des vaincus dans celui des vainqueurs.

Il fallait, par conséquent, que la restauration de l'ancienne monarchie fût en même temps la consolidation du nouvel édifice, et que le Roi, en se replaçant sur le trône de France, tendît à la fois une main aux sectateurs des choses changées, et l'autre main aux sectateurs des changemens.

C'est ce qu'il a fait avec une intention marquée et une sage prudence. Mais cette attitude si noble, quoique si difficile, d'un souverain calme et impartial entre deux générations mutuellement animées de prétentions exagérées et de sentimens hostiles, n'a pu suffire pour propager rapidement de part et d'autre l'esprit de concession et de justice. L'ordre ancien n'est point revenu subitement de son exigence; l'ordre nouveau n'a point étouffé avec promptitude ses regrets, ses ressentimens. Cela ne pouvait être. Estimons encore les Français d'être susceptibles de dispositions opiniâtres; c'est, de part et d'autre, un signe de caractère, d'énergie et de vigueur.

Mais, après ce témoignage mutuel que les partisans de l'ordre ancien et les partisans de l'ordre nouveau peuvent se rendre, il faut enfin qu'ils entrent en fusion et en harmonie.

Or on ne peut se le dissimuler : chez un peuple à la fois énergique et divisé, la fusion et l'harmonie ne peuvent s'établir d'elles-mêmes, du moins avec promptitude; elles ne peuvent être rapidement produites que par l'emploi sage, soutenu, irrésistible, d'une force indépendante, d'une force qui se montre protectrice de tous les partis, par cela même qu'elle leur est étrangère. Je crois que je serai entendu maintenant sans prévention et sans défiance, lorsque je dirai que c'est au gouvernement, en France, à presser, à forcer même la paix et l'union. Jusqu'à ce qu'il y soit parvenu, il aura besoin d'une vigilance et d'une action particulières, d'une vigilance et d'une action tendantes à préparer, à amener le plus promptement, le plus aisément possible, l'ordre constant et constitutionnel.

C'est ainsi seulement qu'il sera aidé par le temps; et déjà, aux yeux de l'observateur impartial, cet heureux effet marche d'une manière sensible. Chaque jour, par la seule impulsion du mouvement social, de nouvelles relations affaiblissent les partis, en donnant aux personnes de nouveaux intérêts; chaque jour la philosophie pénètre dans l'âme de bien des hommes qui l'avaient repoussée, et, en même temps, la révolution revient de ses excès dans l'âme de ceux qui l'avaient trop vivement accueillie; chaque jour, la Loi de la nécessité fait accepter son empire.

Mais que l'on ne s'y trompe pas; c'est parce que le gouvernement marche lui-même dans le sens de cette loi éternelle; c'est parce que le gouvernement agit à l'égard de tous les partis, de manière à ce que les passions et les regrets s'éteignent faute d'espérance. De part et d'autre, bien des hommes restent calmes, parce qu'ils sentent bien que leur agitation serait inutile.

Le nombre de ces hommes, inquiets par caractère, par oisiveté, par regrets, et tranquilles par contrainte, a été très-considérable; il embrassait , il y a deux ans , la presque totalité de la population. Il a progressivement et fortement diminué depuis cette époque ; le calme est aujourd'hui beaucoup plus près de se montrer libre et naturel. Mais ne nous abusons pas ; l'erreur pourrait encore nous être si funeste ! Les élémens des discordes civiles ne sont point entièrement dissipés parmi nous. A cet égard, indépendamment des observations personnelles que chacun peut faire dans le cercle qui l'environne , l'état général des choses fournit des témoignages frappans. Il existe en France , dans toutes les parties du corps social , une anxiété pénible. Les relations commerciales sont timides ; l'industrie languit , le mouvement tâtonne, la vie ne se relève pas. D'où pourrait procéder cette sorte d'hésitation générale , si ce n'est d'un défaut général de confiance et de sécurité ? Sans doute, l'état volcanique et tumultueux de l'Amérique méridionale est pour quelque chose dans l'engourdissement de l'industrie européenne ; et un écrivain célèbre , en appelant sur ces contrées désolées la sollicitude politique des grands souverains , a fait un acte de haute prévoyance. Tous les peuples de la terre sont aujourd'hui solidaires entre eux.

Mais c'est surtout en Europe même que sont les causes immédiates de stagnation et de souf-

france. Rien n'est fixé dans l'opinion européenne; tout y semble vacillant, provisoire,
précaire : ce qui le démontre, c'est qu'aucun
souverain ne désarme; l'établissement militaire de chaque peuple est beaucoup plus fort
qu'il ne l'a jamais été en temps de paix; il ne res-
semble que trop à un établissement de guerre.

Quel homme sage ne serait frappé de telles
considérations ? Quel citoyen paisible, quel
père de famille, quel homme industrieux et
honnête ne formerait pas le vœu pressant de
voir enfin se rétablir en France, et de là en
Europe, cette confiance sociale, sans laquelle
il n'y a que gêne, torpeur et amertume ?

Et si, pour obtenir promptement le rétablis-
sement de cette confiance sociale, il suffit aux
Français de se soumettre, pendant quelques
momens encore, à la direction politique de
leur gouvernement, que pourrait-il leur en
coûter de faire cet abandon sans arrière-pensée,
sans résistance ? Un tel abandon n'est-il pas
une justice ? Les gages ne sont-ils pas donnés ?
Une crise effrayante n'a-t-elle pas été déjà tra-
versée avec une promptitude extraordinaire et
un succès inespéré ? Que chaque homme impartial se porte en arrière par son imagination
et ses souvenirs ! Quels nuages orageux il y a
deux ans! quel horizon terrible ! S'il est vrai

que de grandes tempêtes ont été détournées, serons-nous sans reconnaissance pour les hommes qui ont veillé à notre salut, et sans estime pour les moyens qu'ils ont employés ?

Je ne prétends ici exprimer qu'un sentiment personnel. La sincérité de celui que j'expose est loin de me donner le droit de blâmer ou condamner les hommes qui ne le partagent pas ; la confiance ne peut être commandée, mais elle peut être inspirée ; et si je donne avec franchise les raisons de la mienne, c'est parce qu'elle me semble juste, et que je croirais avoir fait un acte très-utile si je parvenais à la propager.

Dans ma persuasion intime, le gouvernement français mérite l'adhésion prononcée de l'opinion publique, non-seulement parce que déjà il a agi avec habileté et prudence, mais parce que sa composition même sert de garantie à ses principes et à ses intentions. Le chef suprême de ce gouvernement est un roi philosophe, ancien approbateur de l'énergie nationale, créateur d'une charte qui reconnaît et consacre les droits des Français. Les ministres du prince sont presque tous des plébéiens, élevés par leurs talens, demeurés simples et pleins de zèle : qui pourrait voir, dans une telle autorité, besoin de domination, esprit de tyrannie ?

Et je me plais à le répéter : les âmes européennes sont aujourd'hui trop agrandies par les
progrès des lumières et de la civilisation pour
être accessibles à ces petites et misérables jouissances dont la tyrannie s'alimente. La noblesse
philosophique est devenue le caractère de presque tous les hommes que leur éducation a élevés au-dessus du vulgaire. Les chefs des nations,
et par là j'entends les souverains et leurs ministres, les chefs des nations ont obéi à l'impulsion du siècle ; et je trouve grand et généreux,
de leur part, de vouloir maintenant la diriger.
Pour cette raison, je trouverais maintenant juste
et généreux, de la part des peuples, de se livrer
avec confiance aux intentions des souverains.
C'est par une telle confiance qu'on leur impo-
serait déjà, en présence de l'histoire, une responsabilité forte et sublime ; on verrait enfin sur la
terre un magnanime spectacle, la noble frater-
nité des peuples et des rois.

www.ingramcontent.com/pod-product-compliance
Lightning Source LLC
LaVergne TN
LVHW012228170726
843503LV00005B/2336